ALBERT PREMIER,

OU

ADELINE,

COMÉDIE-HÉROÏQUE,

En trois Actes, en Vers de dix syllabes,

Représentée, pour la premiere fois, par les Comédiens François ordinaires du Roi, le Lundi 4 Février 1775.

Prix, 30 sols.

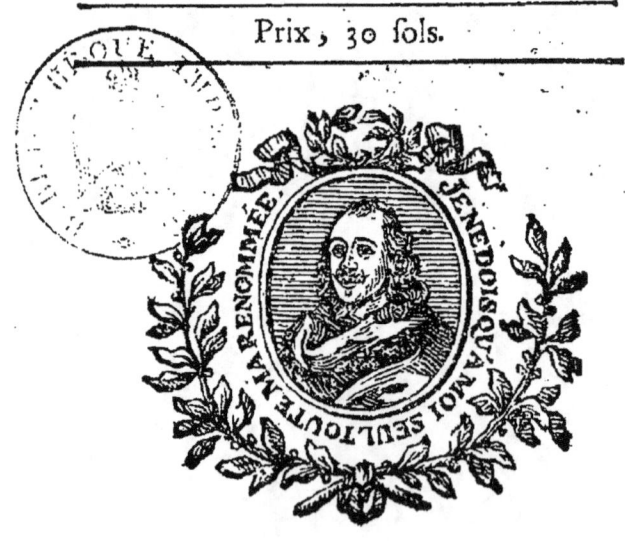

A PARIS,

Chez LE JAY, Libraire, rue Saint Jacques, au-dessus de celle des Mathurins, au Grand Corneille.

M. DCC. LXXV.

A LA REINE.

Madame;

En préſentant à *Votre Majesté* une
Pièce où tout eſt *Juſtice & Bienfaiſance*,
je n'ai fait que lui retracer l'image des
Vertus qui ſont les plus chères à ſon cœur.
Que n'ai-je pu donner à ce tableau, dont
les principaux traits ſont pris dans *Votre*

Auguste Famille, cette chaleur de sentiment, ces grâces touchantes, qui éclatent dans VOTRE MAJESTÉ, sur-tout quand Elle console l'humanité malheureuse! Mais cette perfection étoit au-dessus de mes talens, & peut-être est-elle au-dessus de l'Art.

C'est donc uniquement par le mérite du sujet, que cet ouvrage a intéressé VOTRE MAJESTÉ, & qu'Elle l'a jugé digne de paroître sous ses auspices. Dans quelle circonstance plus heureuse pouvoit-il être offert à la Nation, que dans les premiers jours d'un règne, qui s'annonce par la Justice & par la Bienfaisance d'un jeune Monarque adoré?

Je suis, avec le plus profond respect,

MADAME,

DE VOTRE MAJESTÉ,

Le très-humble & très-obéissant
serviteur & sujet,
LE BLANC.

Une aventure arrivée à un grand Prince, & dont presque tous les papiers publics ont fait mention, a donné l'idée de ce Drame d'une espèce assez singulière. On n'a pas cru devoir étouffer le fond du sujet sous une intrigue qui l'eût fait disparoître, ou du moins l'eût affoibli beaucoup ; & l'on ose esperer qu'un tableau si touchant de bienfaisance, mis, dans toute sa simplicité, sous les yeux d'une Nat'on éclairée & sensible, l'intéressera plus qu'un Roman dialogué, quelque bien imaginé qu'il pût être.

Si l'on trouve dans cet ouvrage quelques traits de ressemblance avec d'autres Pièces justement applaudies depuis peu au Théâtre, on prie le lecteur équitable, de faire attention que celle-ci devoit être jouée depuis long-tems, & que des circonstances, dont il lui importe peu d'être instruit, ne l'ont pas permis.

A iij

ACTEURS.

L'EMPEREUR.

LE BARON DE TEZEL, Courtifan.

LE COMTE VALTER, Capitaine des Gardes de l'Empereur.

Madame LAVRANCE, Veuve d'un Officier, mort au fervice.

ADELINE, fille de Madame Lavrance.

VILKIN, Garde-du-Corps de l'Empereur.

DERICK, Menuifier.

GÉRARD, Laquais du Baron de Tezel.

PLUSIEURS Courtifans.

PLUSIEURS Supplians.

la Scène eft à Vienne.

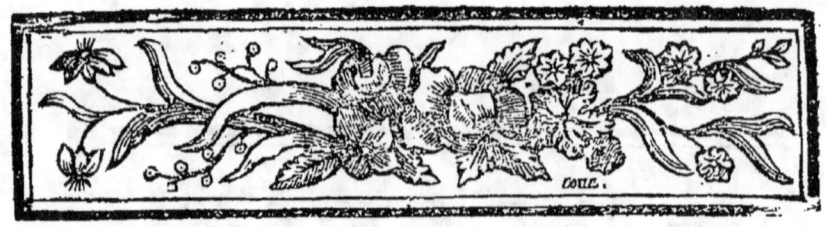

ALBERT PREMIER,

OU

ADELINE,

COMÉDIE-HÉROIQUE.

ACTE PREMIER.

Le Théâtre repréfente l'Attelier d'un Menuifier.

SCENE PREMIERE.

LE BARON, GÉRARD, DERICK.

(A l'ouverture de la Scène, Derick paroît dans le fond faifant quelque arrangement & donnant les fignes de la plus vive affliction.)

LE BARON, *en entrant, à Gérard.*

C'EST ici même, & je veux, jufqu'au bout,
Tenter...

GÉRARD.

Quoi donc ?

LE BARON.

Tais-toi, tu fauras tout.

DERICK, *fans les appercevoir.*

O! jour affreux! ô difgrace accablante !

LE BARON.

Je fens déja mon âme impatiente. . .
Monfieur le Maître ?

DERICK, *d'abord fans fe retourner.*

Hé bien?... Monfieur, pardon !

Que vous faut-il ?

LE BARON.

Eft-ce en votre maifon
Que, fe cachant, fans valets ni famille ,
Vivent en paix une veuve & fa fille ?

DERICK.

En paix? ah! mais d'où l'avez-vous appris ?
Jamais , je crois...

LE BARON.

Ceffez d'être furpris ;
Je vous connois ; je fais ce que pour elles ,
Depuis fix mois , ont fait vos foins fidèles ,
Lorfque le pere , ayant mangé fon bien
Dans le fervice , & ne leur laiffant rien ,
Fut emporté dans la dernière guerre...

GÉRARD, *à part.*

Oh! m'y voilà!

LE BARON.

Je fais, qu'en leur mifere,

Le fort, du moins adouciffant fes coups,
Leur fit trouver un afyle chez vous.

DERICK.

Ah! dans l'abîme où je les vis plongées,
De tant de maux, coup fur coup affligées,
Quel cœur farouche eût pû les repouffer?
Je pleure encor, quand je viens à penfer
Que c'eft le fort de plus d'une famille:
Un nom honnête, il faut paroître, on brille,
Mais tel Guerrier que l'on voit aujourd'hui
Servir fon Prince & s'épuifer pour lui,
S'il meurt demain, fa veuve humiliée,
Va vivre obfcure & languir oubliée;
Et fes enfans, honteux, défefperés,
Manquent de tout, & meurent ignorés.

GÉRARD.

Oui, bien fouvent, tel eft le train du monde.

DERICK.

Hélas, Monfieur, leur mifere profonde
Eft pour moi-même un éternel tourment:
Eh! qui pourroit, d'un œil indifférent,
Voir une mere; & quelle mere encore?
Et fa fille! ah! fa fille, qu'elle adore...
Que de vertu! Monfieur, il faut la voir,
Toute au travail, du matin jufqu'au foir,
Pour foulager fa languiffante mere!
J'avois fervi quelque tems fous le pere,
Bon Gentilhomme, aimable & plein d'honneur;

Dès mon enfance il fut mon bienfaiteur ;
Ma pauvre femme avoit nourri fa fille ;
Je fus toujours aimé de la famille ;
Je leur rends bien ; mais que fert ?... Ah! Monfieur,
Pourquoi le ciel, en me donnant un cœur,
Ne m'a-t-il pas accordé la richeffe ?
Qu'avec plaifir, dans le fort qui les preffe,
Je donnerois! ... Je ne ferois heureux
Qu'en donnant tout.

GÉRARD.

C'eft être généreux.

DERICK.

Mais pourquoi donc voulez-vous les connoître ;
Dans quel efpoir ? ah! fi vous pouviez être
Quelque honnête homme envoyé par le ciel
Pour les tirer de leur état cruel !...

LE BARON.

Oui, mon ami, c'eft le foin qui m'amène.

DERICK.

Qui, vous, Monfieur ? Vous ?... Je refpire à peine...
Ah! vous venez à propos ; ce moment
Alloit les perdre ; & je tremble...

LE BARON.
Comment?

DERICK.

Oui ; tout-à-l'heure , ici je viens d'entendre
La fille en pleurs , dont la voix douce & tendre , .
Par la cloifon , a porté jufqu'à moi ,
Ces triftes mots qui m'ont glacé d'effroi :
" Ma mere , hélas ! daignez fécher vos larmes ,
" Et repouffez ces mortelles alarmes.
" Calmez vos fens , ou je meurs dans vos bras.
" Non , non , Faucher ne nous pourfuivra pas ;
" Il eft honnête , & fon âme attendrie
" N'aigrira point les maux de notre vie ".
Cela me fend le cœur en vérité !

LE BARON.

Eh ! quel eft donc ce Faucher redouté ?

DERICK.

Un bon Marchand , fi j'ai pû le comprendre ,
Leur créancier qui fe laffe d'attendre.

LE BARON, *bas, à Gerard.*

Leur créancier ! connois-tu ce Faucher ?

GÉRARD , *bas , au Baron.*

Non , pourquoi ?

LE BARON, *bas , à Gérard.*

Mais... Il faudra le chercher.

DERICK.

Noble Monfieur , de quart-d'heure en quart-d'heure ,

On peut venir, jufqu'en cette demeure,
Les enlever, les traîner malgré moi...
Ah! je friffonne, & j'en mourrois, je croi!

LE BARON.

Eh bien, il faut ufer de diligence :
Demandez - leur un moment d'audience.

DERICK, *à Gérard.*

Pour ?...

GÉRARD,

Le Baron de Tézel.

DERICK.

Ah! Monfieur!
Eh quoi, c'eft vous! Vous, leur feul protecteur!
Vous qui deviez à la Cour!... Votre zèle
Vient leur donner quelque bonne nouvelle!...
Eft-il poffible!... ah!

LE BARON.

Preffez donc vos pas;

Allez.

DERICK.

J'y cours.

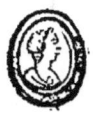

SCENE II.

LE BARON, GÉRARD.

LE BARON, *riant.*

Eh bien, tu ne ris pas?
Ah! ah!

GÉRARD.

De quoi?

LE BARON.

De quoi? De l'aventure,
Et du bon-homme, & de son ouverture.

GÉRARD.

Quelle ouverture?

LE BARON.

Eh! de ce Créancier
Là...

GÉRARD.

Ce Marchand?

LE BARON.

Il faut l'aller payer.
Tu n'auras pas grande peine, je pense,
A le trouver?

GÉRARD.

Selon.

LE BARON.

Prends sa créance ;
Tous ces billets, ce fatras de papiers,
S'il en restoit dans les mains des Huissiers.
Acquitte tout.

GÉRARD.

Cette jeune Adeline
Est donc toujours l'objet qui vous domine ;
Et vous voulez, par ce nouveau bienfait,
Vous assûrer son cœur ? C'est fort bien fait.

LE BARON.

Tu penses donc ?...

GÉRARD.

Sans doute que la Belle
Est de moitié de cette ardeur nouvelle ?

LE BARON.

Elle ? Ses yeux ne me l'ont point appris,
Et dans les miens elle n'a rien compris.

GÉRARD.

Vous n'avez point expliqué votre flamme ?

LE BARON.

Non. Jusqu'ici les secrets de mon âme
Lui sont cachés ; & sa simplicité,
Sans nul soupçon, impute à ma bonté,
A l'amitié dont j'honorois son père,
Ce que je fais pour elle & pour sa mère.

GÉRARD.

Jusqu'à ce jour, autant que j'ai pu voir,

Vous leur avez donné beaucoup d'efpoir;
Mais les effets font encore à paroître.

LE BARON.

Je ferois plus que tu ne crois peut-être,
Si l'on vouloit... Mais cela n'entend rien;
Non; rien, te dis-je. Oh! ces femmes de bien!...
Mais pour le coup, il faudra qu'on m'écoute.
Grace à mon fort, on m'entendra fans doute.

GÉRARD.

Efpérez-vous?...

LE BARON.

D'abord, fans différer,
De la Sentence il faut nous emparer.
Faucher n'aura nulle peine à la rendre?

GÉRARD.

En le payant, il ne peut s'en défendre.
Vous avez droit...

LE BARON.

Mais, contre tout hafard,
Il faut ici fe conduire avec art.
Il faut...

GÉRARD.

Voyons, je n'y fuis pas novice;
Vous le favez.

LE BARON.

Si, par ton artifice,
Elles croyoient... (le tout crainte de bruit)
Que c'eft toujours Faucher qui les pourfuit?

Si, fous fon nom, nous arrêtions la mere?

GÉRARD.

L'arrêter? Vous?... Quel eft donc ce myftère?

LE BARON.

Eh! le butor! Dans fon premier effroi,
La fille en pleurs viendra d'abord chez moi :
Crois-tu qu'alors elle tarde à m'entendre ?
Et que...

GÉRARD.

Fort bien ; je commence à comprendre.

LE BARON.

Et conçois-tu le vif enchantement
De confoler une fi belle enfant ?
Dans cet efpoir, l'amour qui me poffède...

GÉRARD.

Mais à ce goût : quelqu'autre fuccède ?
De belle en belle à toute heure emporté,
Vous tenez peu contre la nouveauté,
Alors....

LE BARON.

Alors?.. Mais j'apperçois la Veuve.
Vas, cours, vole....

SCENE

SCENE III.

LE BARON, Madame LAVRANCE, DERICK.

Madame LAVRANCE, *dans le fond, à Derick.*

Aн ! quelle funeste épreuve,
De me montrer dans l'état où je suis !

DERICK.

Croyez qu'il vient pour finir vos ennuis.

Madame LAVRANCE, *à Derick.*

Restez auprès de ma chère Adeline.

SCENE IV.

LE BARON, Madame LAVRANCE.

Madame LAVRANCE, *avançant lentement.*

O juste ciel ! soutiens cette orpheline,
Si tu reprends mes jours infortunés !
Monsieur... Je suis... confuse... Pardonnez
Si je... Comment pourrai-je reconnoître
Des soins...

B

LE BARON.
Madame !

Madame LAVRANCE.
En d'autres tems, peut-être,
Nous aurions pu, dans un lieu plus décent...

LE BARON.
Madame !...

Madame LAVRANCE.
Hélas ! un cœur compatiſſant
Doit excuſer...

LE BARON.
Ah ! vous devez comprendre
Combien je ſouffre...

Madame LAVRANCE.
Eh bien, daignez m'apprendre
Si...

LE BARON.
Pardonnez, ſi je vous interromps.
Je ne vois point...

Madame LAVRANCE.
Ma fille?

LE BARON.
A vos leçons,
A vos conſeils, elle eſt toujours fidelle?

Madame LAVRANCE.
Elle le doit; le Ciel veille ſur elle !

LE BARON.
C'eſt ſon chef-d'œuvre.

Madame LAVRANCE.
Hélas ! votre bonté
L'honore trop.

LE BARON.

Je dois à sa beauté.....

Madame LAVRANCE.

Ah ! sa beauté n'est que dans sa sagesse :
Puisse son cœur s'en souvenir sans cesse !
Elle n'a plus, du moins dans peu de jours,
Elle n'aura, je crois, d'autres secours.

LE BARON.

Mais qu'avez-vous ? Je vois couler vos larmes.

Madame LAVRANCE.

Ah ! pardonnez à mes vives allarmes :
Mes longs chagrins vont hâter mon trépas ;
Et cet aspect ne m'épouvante pas.
Mais que laissé-je à cette infortunée ?
Seule, sans bien, errante, abandonnée,
Sa beauté même, & cet éclat trompeur,
Ce bien funeste est un nouveau malheur ;
J'en frémirai même au sein de ma tombe.

LE BARON.

Calmez ce trouble où votre ame succombe.

Madame LAVRANCE.

Lorsque le Ciel m'enleva mon époux,
Dans mon malheur, je n'implorai que vous :
Mais vous savez pour qui.

LE BARON.

     Votre famille
Fut toujours chère à la mienne.

        B ij

Madame LAVRANCE.

Ma fille,

Ma chère enfant, l'idole de mon cœur,
N'aura bientôt que vous pour protecteur :
Mais vous favez ce qu'il faut qu'elle efpère.
Se fouvient-on des fervices du père ?
La Cour....

LE BARON.

La Cour ? Ah ! ne m'en parlez pas ;
C'eft un Pays qui n'eft plein que d'ingrats ;
Et vos malheurs me l'ont trop fait connoître.

Madame LAVRANCE.

Mais vous avez interreffé le Maître,
Cet Empereur, fi grand, fi généreux,
Dont la pitié prévient les malheureux,
Et que jamais la plainte n'importune.

LE BARON.

Oui : j'ai parlé ; j'ai peint votre infortune,
Et vous jugez avec quelles couleurs.

Madame LAVRANCE.

Eh bien ?

LE BARON.

Un Prince, entouré de flatteurs,
Souvent loué d'une voix mercenaire,
Eft-il toujours ce qu'en croit le vulgaire ?

Madame LAVRANCE.

Quoi ?

LE BARON.

J'en frémis. Le coup eft foudroyant.
Hier encore un refus accablant...

J'ose insister... En vain... Qu'ai-je dû faire?
Brûlant de rage, il a fallu me taire;
Mais, dans mes yeux, on n'a dû que trop voir
Combien mon cœur...

Madame L A V R A N C E.

Il n'est donc plus d'espoir!
Je le vois trop; des bouches ennemies
Dans son esprit nous auront desservies:
Mais, vous, Monsieur, abandonnerez-vous?..

LE B A R O N.

Moi! je ressens de si sensibles coups,
J'en suis frappé, tout mon cœur les partage,
Mais je ne puis m'exposer davantage...

Madame L A V R A N C E.

Vous ne pouvez?

LE B A R O N.

J'aurois trop à souffrir,
Si....

Madame L A V R A N C E.

C'en est fait; je n'ai plus qu'à mourir:
Mais non; le Ciel soutiendra mon courage:
Il faut savoir faire tête à l'orage.
Pardon, Monsieur, je rends grace à vos soins:
Tant de bonté...

LE B A R O N.

Pouvois-je faire moins?
J'aurois voulu... Si vous me jugiez digne
De vous offrir?.. Cette faveur insigne
M'honoreroit, & je pourrois...

B iij

Madadame L A V R A N C E.

Je fens

Votre amitié : mais j'appris, dès longtemps,
A dévorer mes chagrins fans murmures.

LE B A R O N.

Vous le favez, il eft des conjonctures
Où les amis...

Madame L A V R A N C E.

Il n'en eft point, Monfieur,
Où l'on ne doive écouter fon honneur;
Et ce qu'on fut, & ce qu'on eft encore,
Malgré le fort. Le feul bien que j'implore
Eft la conftance, & j'ofe m'en flatter.

LE B A R O N.

Madame, enfin j'ôfe vous répéter
Que, pour l'honneur d'une noble famille,
Je fuis toujours à vous... à votre fille ;
Et fi je puis....

(Il fort.)

SCENE V.

Madame L A V R A N C E.

Tout eft anéanti!
Bonheur, efpoir ; le Ciel m'a tout ravi ;
Il faut céder, le bénir & fe taire.
Mais le pourrai-je? Ah! fi je n'étois mère!

SCENE VI.

Madame LAVRANCE, ADELINE.

Madame LAVRANCE, *embraſſant Adeline.*

EH bien, ma fille?

ADELINE.

Eh bien, ma mere?

Madame LAVRANCE.

Hélas!

C'eſt elle encor que je tiens dans mes bras!
Mais, dans le trouble où mon cœur ſe conſume,
Ce bonheur même en accroît l'amertume.

ADELINE.

Eh quoi, Madame?

Madame LAVRANCE.

O ciel! qui veux ma mort :
Prends pitié d'elle!

ADELINE.

Ah! calmez ce tranſport
Et rappellez cette noble conſtance...

Madame LAVRANCE.

Je n'en ai plus.

ADELINE.

Qui, vous?

B iv

Madame LAVRANCE.

          Plus d'espérance.

ADELINE.

Quoi, le Baron ?..

      Madame LAVRANCE.

         S'étoit en vain flatté,

En vain pour nous, son zèle a tout tenté.

       ADELINE.

Plus d'espérance !

      Madame LAVRANCE.

        En cet état funeste,

Que devenir ?

       ADELINE.

   Votre fille vous reste.

      Madame LAVRANCE.

Ah !

       ADELINE.

Jusqu'ici, mon travail & mes soins
Ont prévenu vos plus pressans besoins :
Et doutez-vous qu'ils le puissent encore,
Que ma tendresse, & le Ciel que j'implore,
Ne me soutienne en cet emploi si doux,
Si cher pour moi, de m'aquitter vers vous ?
Puis-je payer les soins, la complaisance
Dont vous avez honoré mon enfance ?
N'est-ce pas vous qui nourrissiez mon cœur,
De sentimens de noblesse, d'honneur,

De qui le vôtre, à la vertu fidèle,
Etoit pour moi l'oracle & le modèle ?

Madame LAVRANCE.

Tendre Adeline ! Eh bien, voici le tems
De déployer ces nobles fentimens.

ADELINE.

Qu'exigez-vous ?

Madame LAVRANCE.

L'épreuve eft rigoureufe :
Mais que ne peut une ame vertueufe ?
J'en attends tout.

ADELINE.

En avez-vous douté ?
Puis-je le croire, & l'ai-je mérité ?

Madame LAVRANCE.

Non, mon enfant, j'ai trop fu te connoître ;
Mais... je frémis... tu frémiras peut-être.

ADELINE.

Moi !

Madame LAVRANCE.

De quel coup je viens frapper ton cœur !

ADELINE.

Expliquez-vous, vous me glacez d'horreur !
Parlez.

Madame LAVRANCE.

Hélas !

ADELINE,

Ah ! pourfuivez.

Madame LAVRANCE.

Écoute,

Vilkin t'adore, & tu l'aimes fans doute.
Vous rougiffez, ma fille?

ADELINE.

Cet amour....

Madame LAVRANCE.

Je l'approuvois; j'ai cru, jufqu'à ce jour,
Que vous feriez le bonheur l'un de l'autre,
Et que le mien pourroit naître du vôtre.
Vilkin eft fage; il a des mœurs, du fens;
Il n'eft point, tel que tous nos jeunes gens,
Préfomptueux, impatient, volage;
Il eft modefte, & rempli de courage;.
Aime à s'inftruire, à vivre retiré;
Et fon bon cœur ne s'eft point altéré,
Malheur commun dans les lieux qu'il habite;
Mais fa fortune eft loin de fon mérite.

ADELINE.

Ah! fa fortune!

Madame LAVRANCE.

Oui, ma fille; il eft né,

D'un pere noble autant qu'infortuné,
Dont un procès, au déclin de fon âge,
A confumé le fertile héritage,
Qui vit depuis, des humains féparé,
A la campagne, à fes douleurs livré.
De bons parens, des amis véritables,

Par leur crédit, par leurs foins charitables,
Ont fait le fils Garde de l'Empereur.

ADELINE.

Eh bien, il peut s'avancer.

Madame LAVRANCE.

Quelle erreur!

Dans cet efpoir rempli d'incertitude,
Ce nous feroit un fupplice trop rude
De l'accabler, de rejetter fur lui
Tout le malheur qui nous fuit aujourd'hui.
Si vous l'aimez...

ADELINE.

Si je l'aime! ah! Madame!

Madame LAVRANCE.

Si cet amour regne plus fur ton ame
Que la vertu, (je n'ofe le penfer),
Par amour même, il faut y renoncer.

ADELINE.

Y renoncer! mais voudra-t-il lui-même,
Lui, votre choix, qui vous chérit... qui m'aime?..
Il m'aime trop pour pouvoir confentir...

Madame LAVRANCE.

Quoi qu'il en foit, nous devons l'avertir
Que, dès ce jour, c'eft en vain qu'il efpère.

ADELINE.

Il vient d'écrire à fon malheureux pere:
Il fe croit fûr de fon confentement:
Pouvons-nous bien lui dire honnêtement?...

Madame LAVRANCE.

Honnêtement ! l'honnêteté, ma chère,
Est de savoir supporter sa misere
Sans murmurer, sans y précipiter
Ce que l'on aime.

ADELINE.

Il faut donc nous quitter !

Madame LAVRANCE.

C'est un effort dont toi seule es capable,
Et, voudrois-tu, quand le sort nous accable?...

ADELINE.

Non, je ne veux que ce que vous voulez ;
Mais daignez lire en mes sens désolés,
Daignez-y voir...

Madame LAVRANCE.

Que dites-vous ?... Cruelle,
Tu mets le comble à ma douleur mortelle.
C'est en un jour trop de divers assauts.

SCENE VII.

Madame LAVRANCE, ADELINE, VILKIN.

VILKIN, *tenant une lettre.*

AH! dans ces lieux je vous trouve à propos!
Enfin, Madame, enfin, belle Adeline,
Plein du bonheur que le Ciel me destine,
A vos genoux je viens mettre mon cœur.
(*Il se jette aux genoux d'Adeline, qui se rejette
dans les bras de sa mere.*)

ADELINE.

Ah, Madame!

Madame LAVRANCE, *le relevant.*

Ah! que faites-vous, Monsieur?

VILKIN.

Tenez, lisez la lettre de mon pere.
Je pourrai donc vous appeller ma mere !
Vous daignerez m'appeller votre fils !
Par mon respect dès long-tems je le suis;
Je vous honore, en vous, en votre fille ;
Nous ne faisons qu'un cœur, une famille,
Et bientôt... Mais vous ne répondez pas
A mes transports ?

ADELINE.

Pauvre Vilkin, hélas!

(*A Madame Lavrance.*)

Parlez-lui donc?

VILKIN.

Eh quoi ! toute éperdue,
Vous foupirez, vous détournez la vue,
Et toutes deux je vous vois dans les pleurs!
Ah! vous favez fi je fens vos malheurs!
De quel revers êtes vous menacée?
Un mot.

Madame LAVRANCE.

Eh bien... Je fuis trop oppreffée.

VILKIN.

De grace, un mot.

Madame LAVRANCE.

Enfin vous le voulez;
Je m'y réfous... Il m'en coute.

VILKIN.

Parlez.

Madame LAVRANCE.

Vilkin, fongez qu'avec de la fageffe,
Un nom honnête & cet air de Nobleffe,
De la vertu, des talens, des amis,
On peut prétendre aux plus riches partis.
Nous n'avons rien, & l'efperance même
Nous eft ravie, en ce malheur extrême,
Puifque le Ciel veut nous humilier,
A notre fort nous faurons nous plier ;
C'eft un devoir : mais, pour votre famille

Pour vous, Vilkin, vous sentez que ma fille,
En cet état, ne peut vous convenir.

VILKIN.

Qu'ai-je entendu ?

Madame LAVRANCE.

J'ai dû vous prévenir.

VILKIN.

Qui, moi, dépendre ainsi de la fortune !
Me croyez-vous une âme assez commune?
Vous m'outragez.

Madame LAVRANCE.

Je vous crois généreux ;
Je vous connois.

VILKIN.

Ah ! pour tenter mes vœux,
Que la fortune, aux plus vastes promesses,
Ajoute encor l'éclat de ses richesses;
Je ne saurois rencontrer mon bonheur
Qu'en vos vertus, mon amour & son cœur.

Madame LAVRANCE.

Non, cet amour vous perdroit l'un & l'autre.
Pour son repos, autant que pour le vôtre,
Portez plus haut vos vœux & votre espoir;
Et pour jamais renoncez à nous voir.

VILKIN.

Moi, renoncer !... O Ciel! qu'osez-vous dire?

Madame LAVRANCE.

Je vous l'ordonne.

VILKIN.

Ordonnez que j'expire;
Que votre main s'arme pour mon trépas.
Vous pleurez!.. Non, vous ne le voulez pas;
Non, la pitié se fait entendre encore.
Voyez mes pleurs, & voyez qui j'adore.
Puis-je jamais m'arracher sans mourir?..

ADELINE.

Ah! c'en est trop.

Madame LAVRANCE.

C'est trop nous attendrir.

VILKIN, á *Adeline*.

Vous vous taisez, & semblez vous confondre,
Vous que l'amour!.. Ah! daignez me répondre,
Daignez enfin décider de mon fort.
Vous même aussi voulez-vous voir ma mort?
Sans vous, hélas, elle me fera chère.
Si je croyois.....

ADELINE.

J'obéis à ma mere;
Adieu, Vilkin, puissiez-vous être heureux!

Madame LAVRANCE.

Ah! supprimez des adieux douloureux.
Sans irriter le trouble qui nous presse,
Si vous avez quelque délicatesse,
Allez, Monsieur, laissez-nous.

VILKIN.

Ç'en est fait.

Je

Je n'attendois que ce dernier arrêt,
Qui vous condamne, & moi-même avec elle,
A des tourmens!... Vous répondrez, cruelle,
Du désespoir d'un cœur trop enflammé,
Trop malheureux pour avoir trop aimé;
Et qui ne put, de son amour extrême
Briser les nœuds, sans se briser lui-même.
Adieu. (Il sort.)

Madame LAVRANCE, à Adeline qui pleure.
Ma fille !

ADELINE.
Ah ! soutenez mon cœur.

Madame LAVRANCE.
Qui vient encor ?

SCENE VIII.

Madame LAVRANCE, ADELINE, UN HUISSIER.

Madame LAVRANCE, à l'Huissier.
QUE voulez-vous, Monsieur?

L'HUISSIER.
Puis-je parler à Madame Lavrance?

Madame LAVRANCE.
C'est moi.

C

L'HUISSIER.

Je fuis porteur d'une Sentence
Pour un billet, depuis trois mois échu,
Fait à Faucher.

Madame LAVRANCE.

Ah! je l'avois prévu.

L'HUISSIER.

Qu'il faut payer, ou je dois vous conduire...

Madame LAVRANCE.

'Ah! quelle horreur! il faut donc que j'expire!

L'HUISSIER.

Venez.

ADELINE, *toute éperdue.*

Derick!... Ciel, prends pitié de nous!
Derick!

SCENE IX.

Les mêmes, DERICK.

DERICK, *accourant.*

ENCOR! qu'eſt-ce donc? qu'avez-vous?

ADELINE.

Ah!

DERICK.

De quel trouble êtes-vous agitée?

ADELINE.

Ma mere...

DERICK.

Eh bien?

ADELINE.

Ma mere eſt arrêtée.

(*Montrant l'Huiſſier.*)

Monſieur...

DERICK.

Qu'entends-je!... ah Dieu! mon magazin,
Tous mes outils, tout mon ménage enfin,
Monſieur, peut-il répondre pour la dette?

L'HUISSIER, *après avoir regardé par-tout.*

Mais... oui vraiment.

DERICK, *avec vivacité.*

Elle eſt donc ſatisfaite.
Tout eſt à vous; dreſſez-en un acquit;
Enlevez tout & partez.

C ij

L'H U I S S I E R, *écrivant sur son genou.*
Il suffit.

Madame L A V R A N C E.

Noble Derick, je ne puis y souscrire.

L'H U I S S I E R, *toujours écrivant.*

Accordez-vous.

D E R I C K, *à l'Huissier.*

Allez, laissez-la dire;

Faites.

L'H U I S S I E R, *donnant à signer à Derick.*

Signez.

Madame L A V R A N C E.

Non, Derick, c'est en vain.

D E R I C K *rendant le papier à l'Huissier après*
l'avoir signé.

Tenez, allez.

L'H U I S S I E R.

Je reviendrai demain,

Vous répondrez cependant de Madame.

(*L'Huissier sort.*)

D E R I C K.

Oui, oui, partez.

Madame L A V R A N C E.

Vous me déchirez l'âme.

Je meurs!...

A D E L I N E.

Ma mere! ah!

D E R I C K.

Calmons ses ennuis.

Le bien n'est rien pour sauver ses amis.

Fin du premier Acte.

ACTE II.

Le Théâtre repréſente la rue où eſt ſituée la maiſon
de Derick.

SCENE PREMIERE.

Madame L A V R A N C E, A D E L I N E,
D E R I C K, *portant un paquet ſous ſon*
manteau.

Madame L A V R A N C E.

O U I , repouſſez d'inutiles douleurs.
Il n'eſt plus tems de répandre des pleurs.
Sans s'abaiſſer, il faut ſavoir deſcendre.
Allez, ma fille, & preſſez-vous de vendre
Ces ornemens déſormais ſuperflus.
La ſoie & l'or ne nous conviennent plus ;
Et dans ce jour le devoir, la juſtice,
L'honnêteté, tout veut ce ſacrifice.
Depuis longtems j'aurois dû l'avoir fait ;
Un faux honneur m'arrêtoit en ſecret ;

C iij

Je me difois : hélas, il faut encore
Briller aux yeux de ceux que l'on implore !
Mais puifqu'enfin tout efpoir eft perdu,
Sachons du moins conferver la vertu
De notre état. Dans une vie obfcure,
Que ferviroit une vaine parure ?
Allez.

ADELINE.

Ainfi vous ne vous laiffez rien !

Madame LAVRANCE.

L'honneur, ma fille, eft au-deffus du bien.
Notre travail, d'un vêtement modefte,
Nous pourvoira ; le ciel fera le refte ;
Et ce n'eft pas ce qui nous avilit ;
C'eft par le cœur qu'on eft grand ou petit.

ADELINE.

Si l'Empereur daignoit mieux reconnoitre
Le prix du fang !..

Madame LAVRANCE.

Refpectez votre Maître ;
Un peuple entier admire fes vertus ;
Lui demander raifon de fon refus
C'eft l'outrager : il eft jufte fans doute ;
Et favons-nous les regrets qu'il lui coute ?

DERICK.

En vérité, cette démarche là
N'eft point prudente... à l'heure où nous voila !

Madame LAVRANCE.

Il n'eſt point tard ; vous n'avez rien à craindre ;
A peine encor le jour vient de s'éteindre ;
Tout eſt ouvert , ma fille eſt avec vous;
Ne tardez point.

DERICK.

Que Dieu veille ſur nous !

Madame LAVRANCE.

A ſes décrets mon ame eſt reſignée ;
Et ſi , chez-vous, je n'étois conſignée ,
J'irois moi-même.

DERICK.

Ah vous feriez bien mieux
De conſerver ces reſtes malheureux !

Madame LAVRANCE.

Mais avec quoi veux-tu que je m'acquitē ?

DERICK.

Que dites-vous , & n'êtes-vous pas quitte ?

Madame LAVRANCE.

Derick , tu veux m'avilir juſqu'au bout !

DERICK.

Qui , moi ?

Madame LAVRANCE.

Chez toi verrai-je enlever tout !
Pour m'acquiter , laiſſerai-je tout vendre?

DERICK.

Il eſt un bien qu'on ne ſauroit me prendre,
Qui vaut tout.

Civ

Madame L A V R A N C E.

Quel ?

D E R I C K.

Un service rendu.

Madame L A V R A N C E.

Ah dieu !

D E R I C K.

L'honneur d'arracher la vertu

A l'infortune.

Madame L A V R A N C E.

Ah , veux-tu que j'expire ?

Mon digne ami , laisse-moi , je t'admire ;

Tu me confonds.

D E R I C K.

Allons , calmez vos sens.

Madame L A V R A N C E.

Derick , au moins ne perdez pas de tems ;

Revenez vite.

D E R I C K.

Ah , faut-il me le dire ?

Madame L A V R A N C E.

Vous sentez trop quel trouble me déchire.

A D E L I N E,

Ah , loin de vous il me suit en tout lieu ;

Et je ne puis . . .

Madame L A V R A N C E.

Tendre Adeline , adieu.

A D E L I N E.

Adieu ; rentrez , ma mere.

SCENE II.

ADELINE, DERICK.

DERICK.

Quelle femme !
Quels fentimens ! Elle m'arrache l'ame :
Mais je ne puis approuver ce parti :
Quoi, vendre tout ! fe dépouiller ainfi !
Vous auriez dû vous referver peut-être ..
Comment, fans rien, oferez-vous paroitre ?

ADELINE,

Ah, ce n'eft pas de quoi gémit mon cœur.
L'obfcurité ne me fait point horreur.
Immoler tout, pour fecourir ma mere,
Eft pour fa fille un devoir néceffaire ;
Et loin qu'il m'ait coûté le moindre effort,
Je le remplis, Derick, avec tranfport :
Je me dévoue, & je me rends juftice,
Mais qu'elle exige un autre facrifice !

DERICK.

Quel facrifice ?

ADELINE.

Il eft affreux pour moi,
Vous ne pourrez l'apprendre fans effroi.

DERICK.

Ciel !

ADELINE.

Ecoutez.

(*Tandis qu'Adeline parle tout bas à Derick, avec*
beaucoup de véhémence d'un côté du Théâtre,
l'Empereur & le Comte entrent par l'autre.)

SCENE III.

ADELINE, DERICK, L'EMPEREUR; LE COMTE.

LE COMTE, *à l'Empereur.*

N'IMPUTEZ qu'à mon zèle
Ce tendre effroi d'un cœur toujours fidèle,
Et qui voit trop le danger qui vous suit,

L'EMPEREUR,

Quel danger ?

LE COMTE.

Quoi ! seul, sans suite, la nuit,
Un Empereur ! . .

ADELINE, *à Derick.*

Jugez de mes allarmes !
Le malheureux en étoit tout en larmes.
Il reviendra.

L'EMPEREUR, *au Comte.*

Vous connoiſſez mes vœux :
Tant que je crois qu'il eſt des malheureux,
Mon cœur tremblant n'a point de jours tranquiles.

ADELINE, *d Derick.*

Que lui dirai-je ?

L'EMPEREUR, *au Comte.*

En ces courſes utiles,
Je vois, j'entends, je m'informe avec ſoin ;
Et quelquefois je puis être témoin
Des maux ſecrets de ce peuple que j'aime ;
De l'abus ſourd de mon pouvoir ſuprème,
Par l'injuſtice à mes yeux déguiſé,
Et dont ſouvent le foible eſt écraſé.

DERICK, *à Adeline.*

Monſieur Vilkin, quoi qu'elle puiſſe dire,
A ſon Arrêt ne voudra pas ſouſcrire ;
Avec raiſon, car il eſt fait pour vous ;
Sage, poſé.

(*Tandis que Derick parle, l'Empereur & le Comte
s'avancent & au moment où ils rencontrent
Adeline elle s'écrie.*)

ADELINE.

Derick, on vient à nous !

L'EMPEREUR, *au Comte.*

Qui pourroit-ce être ?

LE COMTE.

Elle paroit bien née.

ADELINE, *à Derick.*

Tout femble aigrir ma vie infortunée.

L'EMPEREUR, *au Comte.*

Entendez-vous ?

ADELINE, *à Derick.*

Allons, foutenez-moi.

DERICK, *à Adeline.*

Venez.

ADELINE, *à Derick.*

J'ai peine à calmer mon effroi ;
Dans les malheurs dont je fuis pourfuivie,
Je n'ofe attendre... (*Elle fait quelques pas, l'Empe-*
reur l'arrête.)

L'EMPEREUR
Arrêtez, je vous prie.

ADELINE.

Que voulez-vous ?

L'EMPEREUR.

Ah, je ne peux vouloir
Vous offenfer ! mais ne puis-je favoir
Ce qui vous touche, & pourquoi, dans la rue ,
Je vous rencontre ainfi toute éperdue ?
Vous foupirez ! pleins d'un trouble mortel,
Vos yeux en pleurs fe tournent vers le ciel !

ADELINE.

Ah, laiffez nous.

L'EMPEREUR, *à Derick.*

     Ami, vous semblez prendre
Un intérêt si généreux, si tendre
A ses malheurs ...

DERICK.

     Eh qui n'en prendroit pas ?

L'EMPEREUR.

Eh bien, servez son timide embarras.
Par la pitié que le ciel vous inspire,
Instruisez-moi.

DERICK.

    Monsieur ...

ADELINE, *à Derick.*

        Qu'allez-vous dire ?

L'EMPEREUR, *a Derick*

Continuez.

ADELINE.

C'est me désespérer.

L'EMPEREUR.

Croyez du moins que je puis réparer ...

DERICK.

Hélas, Monsieur, sa malheureuse mere ...

ADELINE.

Derick !

L'EMPEREUR, *à Derick.*

Parlez.

DERICK.

    Elle a perdu son pere

Depuis six mois, digne & noble Officier
Mort insolvable.

L'EMPEREUR.

O ciel !

DERICK.

Un créancier

Qui les poursuit va combler leur misere.

ADELINE, *à Derick*.

Vous tairez-vous ?

L'EMPEREUR.

Veuve d'un Militaire !

DERICK.

Et d'un brave homme.

L'EMPEREUR.

On le nommoit ?

DERICK.

Hélas !

ADELINE.

Vous nous perdez.

DERICK;

Qui ne le connut pas?

Monsieur Lavrance.

L'EMPEREUR.

Ah , qu'entends-je ! Lavrance

A qui l'Etat !...

DERICK.

Sans bien , sans espérance,

Sa triste veuve...

ADELINE, *à Derick.*

Ah , voulez-vous finir ?

DERICK, *a Adeline.*

Laiffez, laiffez, ils peuvent vous fervir ;
Que favez-vous ?

L'EMPEREUR.

En cet état livrée !

DERICK.

Et fans appui. Je l'avois retirée ;
Nous efpérions...

L'EMPEREUR.

Pourquoi, dans fon malheur,
N'a-t-elle pas imploré l'Empereur ?

ADELINE, *en foupirant.*

Ah l'Empereur !

L'EMPEREUR.

Il paffe pour bon maitre ;
Je fais du moins qu'il ne fonge qu'à l'être,
Et qu'à l'Etat les fervices rendus
Auprès de lui ne font jamais perdus.

DERICK.

Toutes les voix lui donnent cette gloire ;
Mais...

L'EMPEREUR.

Quoi ?

DERICK.

Monfieur Tezel, s'il faut l'en croire.

L'EMPEREUR.

Qui, le Baron ?

DERICK.

Il est connu de vous ?

L'EMPEREUR.

Beaucoup.

ADELINE.

Hélas, il a parlé pour nous ;
Mais l'Empereur ! quelle rigueur extrême !

L'EMPEREUR.

Il a parlé pour ?...

DERICK.

Il le dit lui-même.

L'EMPEREUR.

A l'Empereur ?

ADELINE.

Epuisez pour l'Etat
Vos biens, vos jours dans un service ingrat ;
Mais gardez-vous d'en jamais rien attendre.

L'EMPEREUR.

A ce discours je ne puis rien comprendre.
Tezel vous dit ?..

DÉRICK.

Oui, qu'avec dureté
Hier encore il s'est vu rebuté.

L'EMPEREUR.

Hier !

DERICK.

Hier.

L'EMPEREUR, au Comte.

Conçois-tu ce mistère ?

LE COMTE.

LE COMTE.

Il me confond.

DERICK.

Mais , quoiqu'il puisse faire,
Je ne pourrai jamais lui pardonner.

ADELINE.

Mais pourquoi donc ?

DERICK.

Ah , devoit - il donner ,
A votre mere affligée & mourante ,
Une nouvelle aussi désespérante ;
Au moment même où, plein de ma douleur ,
Je lui contois ? . . .

ADELINE.

Mais quoi, si l'Empereur
Est tel qu'il dit ? & je le crois sincère.

L'EMPEREUR.

L'Empereur ! Non, je suis sûr du contraire,
Comme Tezel, residant à la Cour ,
Je le connois , je le vois chaque jour.

DERICK.

Vous ! N'est ce pas qu'il est bon ?

L'EMPEREUR.

Oui , sans doute ,

DERICK.

Je leur disois.

L'EMPEREUR.

Jamais rien en lui coute
Lorsqu'on a droit d'attendre ses bienfaits.
Des yeux d'un pere il voit tous ses sujets,

D

DERICK.

Monfieur Vilkin en parle tout de même.

LE COMTE.

Vilkin, le garde ?

DERICK.

Oui, lui , Madame , l'aime
Comme fon fils ; elle auroit fouhaité,
En faire un gendre, & lui de fon côté...

ADELINE.

Encor !

L'EMPEREUR.

Ce choix n'a rien que d'honorable ;
Et Vilkin eft un jeune homme eftimable,

DERICK.

Oh, oui vraiment ! il a toujours le cœur,
Ainfi que vous , plein de fon Empereur,
Mais ce Baron en fait une peinture...

L'EMPEREUR.

Tezel vous trompe. (a part.) Une telle impofture
L'irrite au point !..

DERICK.

Ah, je le crois , Monfieur.

ADELINE.

Laiffez le donc c'eft notre protecteur.

DERICK.

Quel protecteur qui vient vous percer l'ame !
Jugez, Monfieur , du trouble de Madame

En apprenant qu'il faut que, sans retour,
Elle renonce aux bienfaits de la Cour !
La pauvre femme en étoit pénétrée.
Je l'entendois gémissante, éplorée ;
Quand, sur son cœur portant les derniers coups,
Pour l'arrêter on est venu chez nous.

L'EMPEREUR.

Pour l'arrêter ! quoi cette infortunée
Est encor ?..

DERICK.

Non, elle m'est consignée ;
Et nous allions en son nom de ce pas,
Chercher à vendre ... (*Il montre le paquet qu'il a*
sous son manteau.)

L'EMPEREUR.
Ah ciel ! vous n'irez pas.

DERICK.

Je le voudrois : si j'eusse été le maitre,
Du peu que j'ai, j'aurois suffi peut-être ;
Mais...

L'EMPEREUR, *à part.*
Le courroux à ma pitié se joint.
Tezel !

ADELINE.
Monsieur, ne nous retenez point ;
Ma mere pleure, & vous voyez mes larmes.

D ij

L'Empereur.

O digne objet de ses justes allarmes !
Le ciel s'explique en cet événement ;
Il m'a conduit. (il tire un bourse.)
                    Voilà probablement
Plus qu'il ne faut pour terminer l'affaire
Qui vous afflige & retient votre mere :
Portez-le lui.

Adeline.

Qui, moi ?

L'Empereur.

                    Quant au surplus,
Qu'elle en dispose.

Adeline.

            Elle ! à des inconnus
Devoir ? . . Monsieur ! . .

L'Empereur.

                    Ce n'est pas tout encore,
Sur les bontés dont l'Empereur m'honore,
J'ose espérer . . . oui , je veux près de lui
Vous protéger, & vous servir d'apui.
Pour vous guérir d'un soupçon qui l'offense,
Demain matin venez à l'audience.
Vous le verrez lui-même en son Palais ;
Tout malheureux y trouve un libre accès.

(Il tire un diamant de son doigt.)

Ce diamant vous fera reconnoitre ;
Daignez le prendre ; il est à vous. Peut-être,

Vous l'aprendrez, l'Empereur n'eſt point tel
Qu'à vos regards l'oſe peindre Tezel.

(Se tournant vers le Comte.)

Je parviendrai peut-être à le confondre.

LE COMTE.

S'ils diſent vrai, que pourra-t-il répondre?

ADELINE.

Tant de bonté!.. je ne ſais où je ſuis...
Monſieur...

L'EMPEREUR, lui préſentant la bourſe &
la bague.

Daignez recevoir...

ADELINE.

Je ne puis.

L'EMPEREUR.

Vous ne pouvez ?

DERICK.

Eh que voulez-vous faire?

LE COMTE.

Si vous ſaviez!..

ADELINE.

Que penſeroit ma mere?

DERICK.

Qu'un Dieu propice, en ſon beſoin preſſant...

ADELINE.

D'un inconnu recevoir de l'argent!

DERICK.

C'eſt un Seigneur.

D iij

ADELINE.

Elle eft bien malheureufe ;
Mais... oui, la mort lui feroit moins affreufe
Que des bienfaits qui nous feroient rougir.

L'EMPEREUR,

Ce que je fais ne fauroit l'avilir ;
Croyez...

ADELINE.

Non.

DERICK.

Mais...

L'EMPEREUR.

Quel excès de nobleffe !

Daignez...

ADELINE.

Envain votre bonté me preffe ,
J'en fens le prix , mais vous n'obtiendrez rien.

L'EMPEREUR.

Ah !

*à Derick en particulier & affez bas pour n'être pas
entendu d'Adeline.*

Vous femblez être un homme de bien,
Prenez pour elle : acquittez leur créance ;

(Il lui donne la bourfe & le diamant en cachette.)

Et dès-demain vous même à l'audience
Préfentez-vous avec ce diamant ;
Vous m'y verrez,

DERICK, *bas à l'Empereur.*

N'en doutez nullement,

ADELINE, *avec inquiétude.*

Derick !

L'EMPEREUR.

O fille auſſi ſage que belle ;
C'eſt pour mon cœur une peine cruelle
De voir qu'ainſi vous vouliez me ravir,
Dans vos malheurs, l'honneur de vous ſervir.

LE COMTE, *à l'Empereur.*

Sur leur parole, & ſans mieux les connoître,
Donner ainſi !

L'EMPEREUR.

Va, quoiqu'il en puiſſe être,
J'aime encore mieux, Valter, & tu m'en crois,
Perdre ſouvent, que manquer une fois
L'occaſion, toujours ſi précieuſe,
De ſecourir la vertu malheureuſe.

(*a Derick.*)

Ne manquez pas au moins.

DERICK.

Comptez ſur nous.

L'EMPEREUR.

Et, s'il ſe peut, qu'elle vienne avec vous.

DERICK.

Bon, bon.

SCENE IV.

ADELINE, DERICK.

ADELINE.

Eh bien, que faisons-nous?

DERICK.

Quelle ame!
Cela me paffe. Ah, courons chez Madame!
Venez...

ADELLINE.

Quoi?

DERICK.

Non; avant de la chercher,
Nous ferions mieux de voler chez Faucher.

ADELINE.

Que dites-vous?

DERICK.

Ta faveur fe déploye
Grand Dieu, tu veux!...

ADELINE.

Quelle eft donc cette joie?
Y penfez-vous?

DERICK, *lui montrant la bourfe & la bague.*

Voyez.

ADELINE.

Qu'avez-vous fait?

Vous avez pris?...

DERICK.

Mon bonheur eft parfait.

Il eft encor des ames généreufes,
Et grace au ciel vous allez être heureufes.

ADELINE.

Ah, c'eft plutôt le comble du malheur.

DERICK.

Ce bon Monfieur préviendra l'Empereur.

ADELINE.

Courez à lui ; rendez lui tout.

DERICK.

J'efpère....

SCENE V.

ADELINE, DERICK,
Madame LAVRANCE.

Madame LAVRANCE, *ouvrant la porte de la maifon, & regardant dans la rue avec inquiétude.*

DERICK ! ma fille !

DERICK, *accourant.*

Ah, Madame !

ADELINE.

Ah, ma mère !

DERICK.

C'eft vous! calmez vos efprits éperdus :
Le ciel enfin rend juftice aux vertus :
Tout va changer. Effacez la mémoire
De vos revers : non, vous ne pourrez croire
Un tel prodige ; & qui le croiroit ? moi,
Moi-même encore à peine je le croi.

Madame LAVRANCE.

Mais quel tranfport ?

DERICK.

Commencez par reprendre
Tous ces effets qu'il faut d'abord vous rendre.

Madame LAVRANCE.

Comment ? pourquoi ?

DERICK.

Nous n'avons rien vendu ;
Tout vous demeure, & le ciel a pourvu,
Mieux que nos foins, au fort de ceux qu'il aime.
Oui, rendez grace à fa bonté fuprême.

Madame LAVRANCE.

Vous abufez de mon faififfement.

DERICK.

Je vous dis vrai, c'eft un évènement....

Madame LAVRANCE.

Ma fille !

DERICK.

Eh bien, il faut tout vous apprendre.

ADELINE.

Ma mère, au moins j'ai voulu le leur rendre.

Madame L A V R A N C E.

Que veux-tu dire?

A D E L I N E.

On s'eft caché de moi.

Madame L A V R A N C E.

Expliquez-vous.

SCENE VI.

Madame LAVRANCE, ADELINE, VILKIN, DERICK.

VILKIN.

Est-ce vous que je voi?

D E R I C K.

Monfieur Vilkin !

V I L K I N.

Je friffonne... à cette heure !
Tout étonnés, hors de votre demeure,
Après l'horreur où vous m'avez jetté !

D E R I C K.

Raffurez-vous, tout eft en fûreté.

Madame L A V R A N C E.

Comment ici vous trouvez-vous, vous-même?

V I L K I N.

Moi, pénétré d'un défefpoir extrême,
J'allois, j'errois...

DERICK.

Vous arrivez trop tard ;
Vous auriez vu... depuis votre départ,
Rien n'a calmé notre douleur mortelle.
Il a fallu qu'avec Mademoiſelle
Nous allaſſions... c'étoit contre mon gré ;
Mais en chemin nous avons rencontré
Un homme ! un homme ! un Ange, un Dieu peut être.

VILKIN.

Eh, parlez donc.

DERICK.

Eh bien, ſans nous connoître,
Sur mon récit, cet homme bienfaiſant
Nous a... nous a prodigué tant d'argent !...
Tenez. (*Il leur montre la bourſe.*)

Madame LAVRANCE.

Que vois-je ?

VILKIN.

O ciel, eſt-il poſſible !

DERICK.

A nos malheurs il étoit ſi ſenſible !
Mon cœur palpite encore à le conter.
A l'Empereur il doit me préſenter.
Il le connoît.

Madame LAVRANCE.

Quelle eſt cette avanture ?

ADELINE.

On m'a trompée.

DERICK.

Elle n'eſt pas obſcure;
Tout eſt à vous, prenez.

Madame LAVRANCE.

Mais cet argent,
D'où vous vient-il? dites.

DERICK.

C'eſt un préſent.

Madame LAVRANCE.

De qui?

DERICK.

De qui? d'un homme incomparable,
Et qui, je crois, n'eût jamais ſon ſemblable.

Madame LAVRANCE.

Vous l'appellez?

DERICK.

Oh, je n'ai pas oſé
Lui demander.

Madame LAVRANCE, *à Adeline.*

Vous auriez abuſé
De la pitié d'un inconnu!

ADELINE.

Madame...

DERICK.

Elle eut bien fait, mais elle avoit trop d'ame;
Elle n'eſt pas votre fille pour rien;
Mais j'ai pris moi, le tout pour votre bien.
Je vais d'abord acquitter la créance.

Madame LAVRANCE.

De cet argent?

DERICK.

Demain à l'audience

J'irai trouver cet homme généreux

Qui, tout rempli du foin des malheureux,

Aura pour vous intéreffé le maître.

A cette bague il doit me reconnaître.

(Il leur montre la bague.)

Madame LAVRANCE.

Que vois-je encor?

VILKIN.

Ah quel éclat!... donnés,

Ce diamant...

DERICK.

Vous êtes étonnés!

Oh, ce trait-là paffe toute croyance.

Madame LAVRANCE.

Combien le ciel éprouve ma conftance,

Et que d'affronts il nous faut dévorer!

DERICK.

Vous?

Madame LAVRANCE.

Mais enfin tout peut fe réparer.

Cet inconnu, Derick, doit vous attendre

A l'audience?

DERICK.

Oui; je faurai m'y rendre;

Si j'y manquois, que croiroit-il de moi?

Je ne veux point qu'il foupçonne ma foi.

Madame LAVRANCE.

Sans doute, eh bien, vous conduirez ma fille.

ADELINE.

Moi?

DERICK.

Volontiers; il veut voir la famille
Ce bon Monfieur... il nous attend tous deux,
Et...

VILKIN, à part.

Si c'eft lui, quel fort, quel jour heureux!

Madame LAVRANCE.

Reportez-lui fon diamant, fa bourfe.

DERICK.

Que dites-vous, quoi, l'unique reffource?...

Madame LAVRANCE.

Quelle reffource? un affront!

DERICK.

      Un bienfait.

Madame LAVRANCE.

D'un inconnu!

DERICK.

  Mais...

VILKIN, bas à Derik.

     J'entrevois qui c'eft.

Ne dites rien.

DERICK.

Mais fi, dans notre abfence?..

Madame LAVRANCE.

Je vous entends.

DERICK.

Songez à la fentence.

Madame LAVRANCE.

Je fonge à tout, mais il y faut aller.

DERICK.

Encore un coup...

Madame LAVRANCE.

Rien ne peut m'ébranler.

VILKIN.

Eh bien, Derick, il faut la fatisfaire ;
Il faut tout rendre. Oui, fi le ciel m'éclaire ,
Tant de grandeur... je n'ofe, en ce moment,
Me livrer trop au doux preffentiment
Qui... mais... oui, oui, toute crainte en mon ame
Cède à l'efpoir, à l'ivreffe... ah , Madame !
Mon cœur trop plein ne peut les contenir.
Je vois pour vous le plus bel avenir...
  Oui, repouffez l'effroi qui vous domine ;
Il faut, Derick, il faut, belle Adeline,
A l'inconnu reporter fes bienfaits.

ADELINE.

Je tremblerai...

VILKIN.

Non, fi je le connois ,
A fes regards vous en ferez plus chère.
Tout va changer pour vous, pour votre mère ;
Et je verrai... Rentrez, repofez-vous
Jufqu'à demain ; le ciel fera pour nous.

SCENE

SCENE VII.

VILKIN, DERICK.

DERICK.

QUOI, vous voulez?

VILKIN.

Ah, Derick, quelle joie,
Quel doux transport en mon cœur se déploye !
Si vous saviez!... Cet inconnu!... Grand Dieu!
Seroit-il vrai?...

DERICK.

Comment?

VILKIN.

Le tems, le lieu,
Tout fortifie encor ma conjecture.
Un inconnu!... Faites-m'en la peinture.

DERICK.

Ils étoient deux, l'un qui parloit fort peu
Étoit moins jeune, avoit un habit...

VILKIN.

Bleu?

DERICK.

Justement.

VILKIN.

Ciel, que ta faveur éclatte !
Et l'autre?

E

DERICK.

L'autre ? un manteau....

VILKIN.

D'écarlatte ?

DERICK.

Oui, je croirois que c'étoit la couleur.

VILKIN.

Vif, jeune, aimable, avec l'air de grandeur ?

DERICK.

Oh, oui.

VILKIN.

C'eſt lui... La voix douce, touchante ?

DERICK.

Oui.

VILKIN.

Les dehors d'une ame bienfaiſante ?

DERICK.

Vous ſavez donc ?...

VILKIN.

Je demeure éperdu.

DERICK.

Vous l'avez vu, Monſieur ?

VILKIN.

Si je l'ai vu ?

Je le devine, & dois le reconnoître

A ſa bonté. Quel autre pourroit-ce être ?

DERICK.

Qui?

VILKIN.

L'Empereur. Oui.

DERICK.

J'ai vu l'Empereur!

Il m'a parlé ! Se peut-il !

VILKIN.

Quel bonheur!

C'eft lui. Cet autre eft notre Capitaine,
Monfieur Valter.

DERICK.

Je le croirois fans peine,
Lorfqu'en effet je fonge à fes difcours.
On a beau feindre , on fe trahit toujours.
Tout peint en nous le fond du caractère.
A ce trait même on reconnoît fa mère
Dont les vertus paffent dans fes enfans.
Souvenez-vous de ces tendres momens
Où , de ces lieux on vit partir fa fille.
Chacun pleuroit, ainfi que fa famille ;
Mais, après tout, d'un Prince vertueux,
L'efpoir d'un Peuple, objet de tous fes vœux,
C'eft le bonheur qu'on dit qu'elle va faire ;
Puiffe leur fang remplir un jour la terre !
Mais cependant, ne vous trompez-vous pas?

VILKIN.

Non, dès long-tems on fe le dit tout bas,
Il fort ainfi déguifé, fans efcorte,
Et quelquefois , à la première porte,

E ij

Je suis de garde & je le vois sortir.
N'en doutez pas.

DERICK.

Je n'en puis revenir.

VILKIN.

Je suis demain de garde à l'audience :
N'y manquez pas, mais gardez le silence
Sur mes soupçons, sur cet évènement.
Nous jouirons de tout l'étonnement
Qui va saisir la sensible Adeline.
Je vois déjà cette rougeur divine
Qui sur son front, où brille la vertu,
Va se répandre, & mon cœur éperdu
Vole...

DERICK.

Oh, oui, oui, je suis dans une ivresse
Qui... Laissez-moi, j'en pleure de tendresse.

Fin du second Acte.

ACTE III.

Le Théâtre repréfente la Salle où l'Empereur donne fes audiences.

SCENE PREMIERE.

(Pendant cette fcène & la fuivante, diverfes perfonnes entrent fuccefivement dans la falle ; parmi ceux qui entrent durant la premiere, les uns reftent modeftement rangés, les autres vont à ceux qu'ils connoiffent & forment divers peletons où l'on s'entretient tout bas ; quelques-uns fe promenent lentement.)

LE BARON, *fur le devant.*

Que de dégoûts il faut qu'on diffimule !
Qu'attends-je ici ? quel devoir ridicule
Nous faifons-nous de venir chaque jour
Secher d'ennui, pour augmenter la Cour
D'un Prince ?.. un homme enfin ?.. mais notre idole,
Idole vaine ! empreffement frivole

De nous montrer , de quêter un regard
Qu'on nous refuſe , ou qu'on jette au hazard !
Moi qu'attendoit le bonheur le plus rare !
Mais cependant quel contretems biſarre ,
Quel coup hier a trompé mon eſpoir !
Maudit Huiſſier qui s'en va recevoir
La caution .... de qui ? d'un pauvre hère
Qui met ſa gloire à braver la misère.
Dans ma fureur , je les aurois tous deux...
L'huiſſier ſurtout qui me ... le malheureux,
Dès le matin , me promit de s'y rendre ,
De bruſquer tout , & de ne rien entendre ;
J'ai promis , moi de le récompenſer ;
Gerard encore eſt allé le preſſer ;
Il eſt actif... (*Il regarde à ſa montre.*)
            La veuve eſt arrêtée...
C'en eſt fait ... oui ... ſa fille épouvantée...
Sa chere enfant ... elle vole chez moi !
Elle arrive !.. ah ! je l'entends ... je la voi...
Momens cruels !.. je meurs d'impatience.
Qu'on tarde encor d'ouvrir cette audience !
Je n'y tiens plus , ſi bientôt...

SCENE II.

(La porte de l'appartement s'ouvre à deux battans.
L'Huissier de la Chambre annonce l'Empereur.
Aussitôt chacun se range & prend un air res-
pectueux. L'Empereur entre avec le Comte &
plusieurs courtisans ; il est précedé de deux Gar-
des, dont l'un est Vilkin, qui se placent aux
deux côtés de la salle.)

L'HUISSIER DE LA CHAMBRE.

L'EMPEREUR.

L'EMPEREUR, *au Comte.*

Oui, je frémis de cet excès d'horreur.
Et c'est sur moi que le cruel rejette
Un trait si noir ! (*Il va à un vieux Officier.*)
      C'est pour votre retraite ?
Les Souverains sont quelquefois ingrats
Sans le savoir ... cent-cinquante ducats.

LE VIEUX OFFICIER.

A ses bontés je reconnois mon maître.

L'EMPEREUR.

Est-ce assez?

LE VIEUX OFFICIER.

      Oui. Que ne puis-je renaître
A mes beaux jours, aux jours de mon printems,
Pour admirer, pour bénir plus longtems

                  E iv

Un regne heureux, fondé fur la juftice,
Et commencé fous le plus doux aufpice !

L'EMPEREUR.

Noble vieillard, fi j'ai rempli vos vœux,
Bien plus que vous, je dois me croire heureux.
Le vrai bonheur eft dans la bienfaifance.

LE VIEUX OFFICIER.

Il eft pour moi dans la reconnoiffance
Qui, s'il fe peut, au-delà du trépas
Doit vivre encor.

L'EMPEREUR.

Vous ne m'en devez pas.

LE VIEUX OFFICIER.

Quoi ! Sire ?

L'EMPEREUR.

Non, honorant le mérite,
Ce n'eft pas moi, c'eft l'État qui s'acquitte.

LE VIEUX OFFICIER.

Ah ! que toujours l'État s'acquitte bien,
Quand le Monarque eft pere & citoyen !

L'EMPEREUR, au Comte.

Je tâche en vain de renfermer mon trouble ;
A fon afpect je le fens qui redouble.
Poffédons-nous.

(Il va à un bon Fermier, dont il prend le placet.)

Cent arpens défrichés !
Un bois planté ! deux marais deffechés !

Attendez-en la juſte récompenſe.

A quoi doit-on plus de reconnoiſſance

Qu'à des travaux, la ſource des vrais biens ?

(*Aux courtiſans, en leur montrant le bon Fermier.*)

Oui ; ce ſont là les premiers citoyens,

Je les honore. Une erreur trop cruelle

Les dégradoit, & leur utile zèle

Peut ſeul du trône aſſurer la grandeur.

LE BON FERMIER, *en ſe retirant.*

Vit-on jamais regner un plus grand cœur ?

VILKIN, *à part.*

Ils vont venir !

L'EMPEREUR, *au Comte.*

Calomnier ſon maître !

A quel deſſein ?

LE COMTE.

Vous le ſaurez peut-être.

Vous les verrez, s'ils n'ont pas impoſé...

L'EMPEREUR.

Non, non ; leurs pleurs ne m'ont point abuſé ;

J'ai vu cent fois leur ame toute nue.

Un homme ſimple, une fille ingénue

Auroient-ils l'art ?... Tezel ! plus je le voi,

Plus je me ſens emporté malgré moi....

Dans mon courroux... (*Il va à un Artiſte.*)

J'ai vu cette machine

Ingénieuſe, utile à la marine.

Par vous, en mer, le temps eſt meſuré ;

Sur ſes périls, le pilote éclairé

Rit de l'écueil que votre art lui découvre.
Continuez ; c'est ainsi que l'on s'ouvre
Un chemin sûr à l'immortalité.

L'EMPEREUR, *au Comte.*

Est-elle ici ?... Que je suis agité !

(*A l'Auteur d'un bon Livre.*)

Que votre ouvrage est un code sublime
De la vertu dont le feu vous anime !
L'humanité conduisoit vos peinceaux.
Ah ! vous ferez par ces heureux travaux,
Chez nos neveux, comme à l'âge où nous sommes,
Le protecteur, l'ami chéri des hommes.

L'AUTEUR.

Ah ! si j'ai peint un bon Prince, un vrai Roi,
Que vos vertus l'ont peint bien mieux que moi
Aux yeux charmés de l'Europe attendrie !

L'EMPEREUR *aux Courtisans, en leur
montrant l'Artiste & l'Auteur.*

Encourager les arts & le génie,
C'est assurer la gloire des États.

L'AUTEUR, *en se retirant.*

C'est-là regner.

L'EMPEREUR, *au Comte.*

Elle n'arrive pas ?

UNE VEUVE, *arrivant toute éplorée, & se
jettant aux pieds de l'Empereur.*

Sire, souffrez qu'à vos pieds que j'embrasse...

L'EMPEREUR.

Qu'eft-ce ?

LA VEUVE.

Une mere ofe implorer la grace
D'un fils... (*Elle lui remet un placet.*)

L'EMPEREUR.

Voyons .... le fils d'un magiftrat
Qui fut longtems le flambeau de l'État ,
Précipité dans cet affreux abîme !
Et par le jeu !

LA VEUVE.

Le fardeau de fon crime
M'accable feule , & fa grace aujourd'hui ,
Si je l'obtiens , me fauve plus que lui.

L'EMPEREUR.

Oui ; je l'accorde aux larmes de fa mère ;
Au fouvenir des vertus de fon père.
On va bientôt le remettre en vos bras ;
Mais pour tout autre on ne l'obtiendroit pas.
Je dois au bien des mères & des filles ,
A la fortune , au repos des familles ,
De prévenir , de profcrire à jamais
Ce jeu cruel , l'école des forfaits.
Allez.   (*La Veuve fe retire.*)

(*Au Comte.*)

Eh bien ; les voyez-vous paroître ?

LE COMTE.

Je cherche en vain.

L'EMPEREUR.

Je veux sonder ce traître ;
Porter le jour dans le fond de son cœur,
Si, dans le mien, je peux cacher l'horreur....

(*Abordant le Baron.*)

Eh bien, Baron ; voilà les soins du trône !

LE BARON.

Je l'avouerai, votre cœur s'abandonne
Trop vivement à ces nobles travaux,
Sire, & peut-être un peu plus de repos
Ménageroit le bien de la patrie.

L'EMPEREUR.

Que voulez-vous ? J'ai consacré ma vie
A mes sujets ; ne sont-ils pas mes enfans ?
Heureux encor, par ces soins renaissans,
Si je parviens à prévenir leurs larmes !

LE BARON.

En doutez vous ?

L'EMPEREUR.

Le trône n'a de charmes
Qu'autant qu'un Roi, remplissant tous les vœux,
Dans ses Etats, ne voit que des heureux.

LE BARON.

Ah ! quel héros, célèbre dans l'histoire,
Sut, mieux que vous, s'assurer cette gloire ?

L'EMPEREUR.

Vous le savez ; tel est le sort des Rois,
L'humanité nous dicte en vain ses loix,
Toujours captifs dans nos grandeurs suprêmes,
Nous ne pouvons rien juger par nous mêmes ;
Et ce haut rang nous retient enchaînés
Trop loin du peuple & des infortunés
Qui, dans nous seuls, ont mis leur espérance.
Je crains toujours, malgré ma vigilance,
Qu'il n'en échappe à mes soins empressés ;
Mais vous, Baron, si vous en connoissez...

LE BARON.

Moi, Sire ?

L'EMPEREUR.

　　　　Oui, vous : je vous ouvre mon ame.
Daignez répondre au désir qui m'enflamme.

UN GRAND SEIGNEUR entrant, & présentant
　　à l'Empereur un placet que celui-ci parcourt.

Sire ; oserai-je, au nom de l'équité,
De votre cœur reclamer la bonté ?
Daignerez-vous ?...

L'EMPEREUR, après avoir lû.

　　　　　　Une famille entiere
Prête à périr au sein de la misere,

Par un procès , & pour d'injuſtes droits
Nés de la fraude , & réprouvés des loix !
C'eſt donc ainſi que bravant ma juſtice ,
Sous mon nom même , une infâme avarice ,
Des maux du peuple oſe aggraver le poids.

(u grand Seigneur.)

Je vous fais gré de prêter votre voix
Aux opprimés qu'il faut que je connoiſſe.

LE GRAND SEIGNEUR.

Sire !

L'EMPEREUR , regardant le Baron.

C'eſt-là diſtinguer ſa nobleſſe.
Oui , prenez foin de remettre en leurs biens
Ces malheureux, ſujets & citoyens ,
Ils ont un père armé pour leur deffenſe ,
Et c'eſt à moi qu'appartient leur vengeance.

(Le grand Seigneur ſe retire.)

L'EMPEREUR revenant au Baron, & lui montrant
le grand Seigneur qui ſort.

Vous le voyez ; tous ceux que leur emploi,
Leur ſang , leur titre ont fixé près de moi ,
Mettent leur gloire , aſſurés de me plaire ,
A déployer ce noble caractère ;
Leur zèle actif m'a ſouvent éclairé
Sur l'abandon du mérite ignoré ,
Sur le befoin qui, craignant la lumiere ,
Pleure & ſe tait dans l'ombre du myſtere.
Imitez-les.

LE BARON.

Sire , de tous côtés ,
Je vois un peuple, heureux par vos bontés ,
Bénir les jours d'un maître qu'il adore.

L'EMPEREUR.

(*A part.*)　　(*Au Comte.*)
Lâche flateur ! N'y font-ils pas encore?

LE COMTE.

Rien ne paroît.

L'EMPEREUR, *à part.*

Éprouvons, à leur nom,
Si quelque trouble ?... (*Revenant au Baron.*)
Encore un mot , Baron ;
Éclaircissez un doute qui m'afflige.

LE BARON.

Sire , mon zele & mon devoir m'oblige ,
Si je le puis...

L'EMPEREUR.

Quelqu'un a dit ici ,
Et j'avourai que je le crains aussi ,
Depuis la mort de ce brave Lavrance ,
Que sa famille étoit dans l'indigence.
Qu'en pensez-vous ?

LE BARON.

Mais ... je ne le crois pas.

VILKIN, *à part.*

Que dit-il ? lui !

L'EMPEREUR.

Vous savez tout le cas

Que j'en faifois depuis cette journée
Où fa valeur prudente & fortunée
Sauva la vie à tant de malheureux.

LE BARON.

Ce ... fut ... fa gloire.

L'EMPEREUR.

Il me feroit affreux

Que fa famille, avec quelque juftice,
Put m'accufer d'oublier ce fervice.

LE BARON.

Sans doute ... oui ... mais ... au refte, je ne fai
Si leur fortune... Il me paroît aifé
De s'informer...

VILKIN, *à part.*

Je fuis à la torture.

L'EMPEREUR, *au Comte.*

Comme il foutient fon indigne impofture !

LE BARON, *à part.*

Pourquoi Lavrance ? Et par quelle raifon
Cet intérêt ?.. Sauroit-il ?.. (*En fe raffurant.*)

Quel foupçon !

L'EMPEREUR, *au Comte.*

Plus je l'entends, moins je puis me contraindre.
Vient-elle enfin ?

LE COMTE.

Non, je commence à craindre.

L'EMPEREUR.

Se pourroit-il ?..

(*Il va à un Négociant dont il parcourt le placet.*)

Eh

Eh bien, vos deux vaiſſeaux

Sont arrivés, & les vents & les eaux
Ont ſecondé cette grande entrepriſe?

LE NÉGOCIANT.

Oui, Sire.

L'EMPEREUR.

Mais je vois avec ſurpriſe,

Que le commerce eſt encor trop gêné;
Tout ce profit doit être abandonné
A l'homme actif dont l'heureuſe induſtrie
Fait circuler le ſang de la patrie.
Oh! déſormais, je veux vous affranchir
De tous ces droits qui, loin de m'enrichir,
De l'abondance épuiſeroient la ſource,
Et tariroient ce fleuve dans ſa courſe.

LE NÉGOCIANT, en ſe retirant.

Généreux Prince !

VILKIN, à part.

Et je ne puis parler !

A ſes regards je ne puis dévoiler !..

L'EMPEREUR, à un Homme à Projets
dont il a pris le placet.

On m'a montré ce projet... Il m'offenſe.
Je l'avourai, le produit eſt immenſe,

E

Mais à ce prix, il ne me convient pas.

L'HOMME A PROJETS.

C'est un tréfor.

L'EMPEREUR.

Le tréfor des états

Eft dans la terre avec foin cultivée,

Dans la jeuneffe au travail élevée,

Dans le commerce, & non dans ces projets

Dont tant de maux confacrent le fuccès ;

Qui, groffiffant une fauffe richeffe,

Entraîneroient le luxe, la pareffe,

La pauvreté qui fuit bientôt leurs pas.

(*Revenant au Baron.*)

Ainfi, Baron, vous ne connoiffez pas

De malheureux dignes qu'on les protege?

LE BARON.

Je vous l'ai dit. En eft-il ?

L'EMPEREUR.

Eh ! que fais-je ?

SCENE III.

(En ce moment Adeline & Derick entrent d'un air timide & embarraffé. Ils fe rangent parmi les autres fuppliants. Adeline reconnoît Vilkin & fait un mouvement de furprife. Le Baron apperçoît Adeline & fe trouble.

LE BARON.

QUE vois-je?

L'EMPEREUR.
Eh bien? parlez en liberté.

VILKIN, *à part.*

C'eft elle-même, & mon cœur agité...

LE BARON, *troublé.*

Si je ... favois... (*A part.*) Quel démon les amene?

L'EMPEREUR, *au Baron.*

Quoi donc?

LE BARON, *troublé.*
Je crois ... que...

L'EMPEREUR, *au Comte.*
Mon afpect le gêne;

F ij

Il a pâli ; je les crois en ces lieux.

LE COMTE.

Sur quel foupçon ?

L'EMPEREUR.

Je l'ai vu dans fes yeux.

(Le Baron dégagé de l'Empereur va à . deline.
Cependant l'Empereur l'obfervant toujours, va
de fupliant en fupliant, & paroît dire à cha-
cun quelque mot favorable.)

LE BARON, *à Adeline.*

Vous à la Cour ! & qu'y venez vous faire ?

ADELINE, *toute intimidée.*

Monfieur...

LE BARON.

Sortez , retirez-vous...

ADELINE.

Ma mere...

LE BARON.

J'en parlerai.

L'EMPEREUR, *au Comte.*

Je n'en puis plus douter,

C'eft le bon-homme , il veut les écarter.

ADELINE, *au Baron.*

Mais...

LE BARON.

N'attendez jamais la moindre grace ;
Si vous reftez.

L'EMPEREUR, *au Comte.*

Je crois qu'il les menace.

Contraignons-nous. C'eſt un effort cruel.

(Abordant le Baron & montrant Adeline.)

Eſt-ce quelqu'un que protege Tezel ?

ADELINE, *pouſſant un cri & ſe trouvant mal.*

Que vois-je ? Où ſuis-je ?

L'EMPEREUR.

Ah ! quel déſordre extrême !

VILKIN, *à part.*

Ah quel moment !

ADELINE, *à Derick.*

C'eſt l'Empereur lui-même !

DERICK, *à Adeline.*

Tant mieux.

ADELINE, *à Derick.*

Je meurs ; je crains d'avoir bleſſé...

DERICK, *à Adeline.*

Il eſt trop grand pour ſe croire offenſé.

L'EMPEREUR, *à Adeline.*

Raſſurez-vous. Qu'avez-vous à me dire ?

VILKIN, *à part.*

A mes tranſports mon cœur ne peut ſuffire.

L'EMPEREUR, *au Baron qui cherche à*
ſ'échapper.

Demeurez.

DERICK.

Sire, un Seigneur bienfaiſant...

Hier au ſoir ... Sire... Ce diamant...

F iij

Explanation

L'EMPEREUR.

'Ah, c'eſt donc vous que j'ai trouvés enſemble,
Qui m'avez dit que le Baron...

LE BARON.

Je tremble.

L'EMPEREUR,

'Auprès de moi s'intéreſſoit pour vous?

VILKIN, à part.

Que dira-t-il?

LE BARON, à part.

Quels effroyables coups !

L'EMPEREUR.

Et que ſouvent, & depuis deux jours même,
Il m'avoit peint votre infortune extrême?

ADELINE.

Sire ... il eſt vrai.

VILKIN, à part

Le traître eſt accablé.

L'EMPEREUR, au Baron.

Eh quoi, jamais vous n'en avez parlé?

DERICK, à part.

Jamais !

LE BARON.

J'ai craint...

L'EMPEREUR.

Quelle crainte coupable?

LE BARON.

Je... J'attendois le moment favorable.

L'EMPEREUR.

Il l'eft toujours, pouviez vous l'ignorer,
Lorfqu'il s'agit fur-tout de m'éclairer
Sur le malheur.

LE BARON, *à part.*

Il faudra que je meure

Si... (*Haut.*) Vous favez...

L'EMPEREUR.

Il l'étoit tout à l'heure

Quand je cherchois, quand je vous demandois
Si vous faviez où placer mes bienfaits.

LE BARON.

'Auffi ... j'allois...

L'EMPEREUR.

Vous alliez !.. ah perfide !

J'impofe à peine au courroux qui me guide.
Dans fon efprit vous alliez me noircir.

LE BARON.

Moi ! vous croiriez ?

L'EMPEREUR.

Ofez la démentir ,

La voilà, traître , il n'eft plus tems de feindre,
Et de quels traits m'avez-vous ofé peindre ?..
Ils m'ont tout dit.

LE BARON, *à part.*

Je fuis anéanti.

L'EMPEREUR, *à Derick.*

Votre amitié leur aura plus fervi.

F iv

DERICK.

Hélas !

L'EMPEREUR.

Leur dette eſt-elle enfin payée ?

ADELINE.

Ah, Sire !

L'EMPEREUR.

Eh bien ?

ADELINE

Ma mere humiliée
Qu'un inconnu... pouvoit-elle penſer
Qu'un ſi grand Prince ?.. Elle auroit cru bleſſer...
Dans la douleur dont elle étoit preſſée...
Il a fallu ... Sire ... elle m'a forcée
De rapporter...

(*Elle lui préſente la bourſe & le diamant qu'elle*
prend des mains de Derick. L'Empereur les refuſe.)

L'EMPEREUR.

O Ciel ! quelle grandeur !
Que de vertu ! dans l'excès du malheur,
Et ſans reſſource, au comble des allarmes
Une femme !.. ah ! je ſens couler mes larmes.

(*Se tournant vers le Comte.*)

Eh bien, Valter !

(*Au Baron.*)

Et vous me la cachiez ;
Baron ! cruel !

LE BARON.

Je frémis à vos pieds.

L'EMPEREUR, *à Adeline, & à Derick.*
Courez chercher cette digne mortelle.

(*Au Baron.*)

Je vous défends de sortir avant elle.

LE BARON.

Où me cacher ?

SCENE IV.

Les mêmes hors DERICK & ADELINE.

L'EMPEREUR, *à un Gentilhomme qui*
entre en ce moment.

AH ! c'est vous que je vois ?
Vous, le soutien, le protecteur des loix,
Dans la province, où votre sang illustre
De vos vertus reçoit un nouveau lustre ?
Vous aimez mieux, sur mes heureux sujets,
Loin de la Cour, répandre vos bienfaits,
Que de traîner une inutile vie

(*Regardant le Baron avec indignation.*)

Ou dans l'intrigue, ou dans la flatterie.
Mais quel sujet vous amene en ces lieux ?

LE GENTILHOMME.

L'humanité, les cris des malheureux,
Sire...

L'EMPEREUR.

Comment?

LE GENTILHOMME.

Des tempêtes funestes ;
Tous les fléaux des vengeances célestes,
Depuis six mois ont désolé nos champs.
Privés de tout , leurs tristes habitans
Qui , jusqu'ici , s'acquitoient avec zele
De ce qu'un peuple en tout tems si fidele
Doit à l'Etat , au Prince , à ses vengeurs ;
Ne peuvent plus leur offrir que des pleurs.

L'EMPEREUR.

Je les reçois , & mon cœur s'en honore.

LE GENTILHOMME.

Sire...

L'EMPEREUR.

Et je dois les affranchir encore
De tout tribut imposé par la loi ;
Mais est-ce assez & pour eux & pour moi ?
Non , retournez & veillez par vous-même
A les soustraire à leur misere extrême.
Les fonds publics , trésor des malheureux ;
A votre voix , vont être ouverts pour eux.

SCENE V.

Les mêmes. ADELINE, DERICK.

DERICK, *accourant tout éperdu, & se jettant aux pieds de l'Empereur, ainsi qu'Adeline.*

AH Sire !.. Sire !.. ah !.. Madame Lavrance...

ADELINE.

Ma mere !

L'EMPEREUR.

Eh bien ?

DERICK.

Munis d'une Sentence,
Sourds à ma voix, avec un cœur d'airain,
Ils l'entraînoient...

L'EMPEREUR.

Ah Dieu ! courez : Vilkin,
Amenez la.

(*Vilkin sort. Le Comte met un autre
Garde à sa place.*)

SCENE VI.

Les Acteurs précédens , hors VILKIN.

DERICK.

J'AVOIS offert pour elle
Le peu que j'ai ; mais qu'à servi mon zèle ,
Mes pleurs , mes cris ?

L'EMPEREUR.

Quel est le créancier ?

DERICK.

C'est un marchand ; mais on l'a fait payer :
En d'autres mains il a mis la sentence ;
Ce n'est pas lui qui poursuit la créance.

L'EMPEREUR.

Ce n'est pas lui ? Qui donc ?

DERICK.

Sire....

L'EMPEREUR.

Parlez.

DERICK.

Je vois ... je crains ... tous mes sens sont troublés...
Et je ne sais...

L'EMPEREUR.

Ce désordre m'étonne !
Expliquez-vous.

DERICK.

Puisque l'on me l'ordonne...

Monfieur ... Tezel...

L'EMPERÉUR.

Qu'ai-je entendu ? Baron ;
C'eft vous.

LE BARON.

Moi ?

L'EMPEREUR.

Vous. C'eft mon premier foupçon.
Quel attentât ! aggraver leur mifère !
Dans quel efpoir ! je cede à ma colère.

(*Au Baron.*)

Avant trois jours , fortez de mes États ;
Qu'en tout l'Empire on ne vous trouve pas.
Partez , cruel.

SCENE VII.

Les Acteurs précédens , hors LE BARON.

L'EMPEREUR.

J'AI peine à me connoître.
L'exil encor eft trop peu pour ce traître.
Et voilà donc les piéges des flatteurs !
Que j'apprends bien , par ces lâches horreurs ;
A redoubler ma vigilance extrême
Pour tout connoître & tout voir par moi-même !

(*A Adeline.*)

Quelle leçon ! Sechés ces tendres pleurs ;
Ce jour affreux va finir vos malheurs ;
Et ſi l'amour peut réparer...

ADELINE.

Ah ! Sire !

En ce moment, qu'oſerai-je vous dire ?
A vos regards tout mon cœur eſt ouvert ;
Mais vous voyez qu'un intérêt plus cher
Y regne ſeul, l'agite, le tourmente.
Ma mère ſouffre, & ſa fille tremblante ;
Sa fille, hélas ! ne ſent que ſes douleurs,
Ne vit qu'en elle ; & ne voit que ſes pleurs.

SCENE VIII. & dernière

Les Acteurs précédens, Mme LAVRANCE,
VILKIN.

VILKIN.

SIRE, voici....

ADELINE, *ſe jettant dans les bras de ſa mère.*
Je renais !

DERICK.

Ah ! Madame !

L'EMPEREUR.

Infortunée & vertueuſe femme,
Approchez.

Madame LAVRANCE.

Sire...

L'EMPEREUR.

Oubliéz vos revers.

Ne tremblez point ; mes bras vous font ouverts.

J'eus en Lavrance un ferviteur fidele ;

Si je n'ai pu récompenfer fon zèle,

Je peux remplir un devoir fi flatteur

Envers l'objet qui partagea fon cœur.

Puiffe Vilkin relever fa famille,

Faire longtems le bonheur de fa fille ;

Et près de moi me tenir lieu de lui !

A fes emplois je l'élève aujourd'hui :

De ma faveur il eft le premier gage ;

Tous mes bienfaits font dus à fon courage.

(A Adeline.)

Mais je prétends qu'il les tienne de vous ;

A ce prix même ils lui feront plus doux.

VILKIN.

Sire, à vos pieds, que ne puis-je répandre...

DERICK, *hors de lui-même.*

L'ai-je prévu, ce que je viens d'entendre ?

Sire !.. ah ... pardon... (*Il embraffe Mme Lavrance.*)

Embraffez-moi cent fois.

(*Il embraffe Adeline.*)

Vous.   (*Il va pour baifer la main de l'Empereur,*
qui la lui donne.)

Sans manquer au refpect que je dois ;

Si j'ofois ... fi mon cœur...

L'EMPEREUR *au Comte , qui veut écarter Derick.*
Laiffez-le faire.

De tels tranfports font plus faits pour me plaire
Que les appréts , & tout l'art d'un flatteur ;
Ils vont à l'ame , & n'ont rien de trompeur.

DERICK, *fe jettant à fes genoux.*
Bon Prince ! avec cette bonté fuprême ,
Trouverez-vous un cœur qui ne vous aime ?
De tant d'amour le notre eft épuifé.

L'EMPEREUR *le relevant.*
Tezel ! Tezel ! tu l'aurois méprifé.
Compare enfin ta nobleffe & la fienne.
Digne mortel , vous furpaffez la mienne ;
Mais , fi je puis honorer la vertu ,
Ce jour pour moi ne fera pas perdu.

FIN.

APPROBATION.

J'Ai lû par ordre de Monfeigneur le Garde des Sceaux, *Albert Premier , Comédie héroïque en trois Actes & en Vers,* & je n'y ai rien trouvé qui m'ait paru devoir en empêcher l'impreffion. A Paris, ce 24 Février 1775.
CRÉBILLON.

De l'Imprimerie de la Veuve BALLARD, rue des Mathurins.

www.ingramcontent.com/pod-product-compliance
Lightning Source LLC
Chambersburg PA
CBHW071413220526
45469CB00004B/1281